Nicola Werdenigg

SKI
MACHT
SPIELE

Dem Beitrag „Ski total !" von S. 27–35 in diesem Buch liegt die Dissertation „Internationales Tennis als totale Institution. Eine theoretische und empirische Untersuchung im Hochleistungsbereich des Tennis", vorgelegt von Frau Natalie Schwägerl an den Philosophischen Fakultäten der Universität des Saarlandes 2009, in weiten Teilen zugrunde.

Skifahrer am Cover: © iStock.com/VasjaKoman
Layout + Satz: Medienfabrik Graz GmbH, 8020 Graz
Druck: Medienfabrik Graz GmbH, 8020 Graz
Gesamtherstellung: Leykam Buchverlag
ISBN 978-3-7011-8091-2
www.leykamverlag.at

Nicola Werdenigg

SKI
MACHT
SPIELE

Leykam

Nicola Werdenigg, geborene Spieß (1958), wuchs in einer Skifamilie im Zillertal auf. Als 15-Jährige wurde sie in den österreichischen Skinationalkader aufgenommen, 1975 wurde sie Österreichische Meisterin in der Abfahrt, 1976 Dritte im Abfahrtsweltcup und Vierte in der Olympia-Abfahrt. In ihrem heutigen Beruf als Online-Kommunikatorin erhielt sie 2007 den „Staatspreis Multimedia & e-Business". Werdenigg lebt seit 2000 in Wien.

2017 hat sie die Initiative #WeTogether zur Prävention von Machtmissbrauch im Sport ins Leben gerufen.

INHALT

Wie aus einem Schneeball
eine Lawine wurde

Er war ein Volleyballtrainer. Es war im Mai 2017, als die Presse von einem 60-Jährigen berichtete, der wegen des Verdachts auf schweren sexuellen Missbrauch von Unmündigen, Missbrauch eines Autoritätsverhältnisses und Herstellung von Kinderpornografie festgenommen worden war. 57 mutmaßliche Opfer hatten sich gemeldet. Die Medien setzten sich nur spärlich mit dem Fall auseinander – bis das Interesse schließlich ganz versiegte. Mein erstes Enkelkind sollte im Sommer zur Welt kommen, und ich fand, es sei höchste Zeit, etwas gegen Machtmissbrauch im Sport zu unternehmen. Von der #MeToo-Bewegung, die bereits 2006 von der Frauenrechtsaktivistin Tarana Burke in den USA gegründet worden war, wusste ich damals noch nichts. Meine Idee, anhand meiner eigenen Erlebnisse im Umfeld des Skisports ein erhöhtes Bewusstsein für eine Problematik, die so viele betrifft, zu schaffen, schien mir einen Versuch wert.

Der Gang an die Öffentlichkeit war wohlüberlegt, ich war gut vorbereitet. Auch über das Timing habe ich mir gemeinsam mit Philip Bauer, einem Vertrauten und Journalisten, Gedanken gemacht. Ich war ungeduldig, Philip riet mir, abzuwarten – und lag richtig. Ein paar Monate später, im

Spätherbst, war es dann so weit: Die #MeToo-Bewegung war gerade zur populären Kampagne geworden, die Skisaison hatte begonnen. Philip hatte mir eine Woche lang zugehört, mir viele Fragen gestellt und alles aufgezeichnet. Wir erweiterten den Text, ergänzten – mir fiel immer noch etwas ein – und kürzten am Ende auf das Wesentliche.

Dass ich mit meiner Geschichte dermaßen an einer der Grundfesten des nationalen Selbstbewusstseins rütteln würde, konnte ich nicht ahnen, als im November 2017 in der Tageszeitung „Der Standard" mein sehr persönlicher Sportmonolog erschien. Ich wollte nur einen Schneeball werfen, um das System wachzurütteln. Die anfängliche, ungeschickte Reaktion des Skiverbands hat ein Schneebrett ausgelöst. Die Äußerungen haben einige andere betroffene Rennläuferinnen bewogen, nachzuziehen. Wir erhielten Unterstützung aus dem Springerlager. Prompt wurden auch die stolzen Adler der Nation als Nestbeschmutzer diffamiert. Als ÖSV-Präsident Peter Schröcksnadel Toni Innauer als „Pharisäer" betitelte, trat er eine Grundschneelawine los, die er selbst als Lawinensuchexperte nicht mehr in den Griff bekommen sollte.

Im Licht der medialen Aufmerksamkeit aperten die ersten braunen Flecken unter der blütenweißen Schneedecke aus. Geradezu selbstverständlicher Machtmissbrauch konnte und kann nur in Strukturen passieren, die in sich geschlossen sind.

Der Sport, und verstärkt der Sport der Nachkriegszeit, hat diese Auswüchse begünstigt. Mit seinen Idolen, mit seinen Inszenierungen, mit der Verflechtung von Politik und Sport. Insbesondere der Skisport wurde zur nationalen Angelegenheit erhoben. Auf den folgenden Seiten lade ich zum Slalom ein. Wir werden uns auf altem Sulzschnee in Spitzkehren durch den Stangenwald bewegen und auch flott im Neuschnee schwingen. Und zwischendurch werde ich ein paar ganz persönliche „Geschichten von Meinerzeit" erzählen, und wie ich nach und nach meine Spur gefunden habe und wie ich mir eine gemeinsame Ideallinie vorstellen könnte.

Der Schneeball

Er war ein Skifabrikant. Ein unappetitlicher alter Mann. Er bat mich zu sich, setzte mich auf seine Knie und berührte mich, wie es nicht hätte sein sollen. Er sagte, ich sei gut und intelligent. Er sagte, es bräuchte Leute wie mich in seinem Team. Ich stand auf und ging. Wenige Monate später war ich unter meinem Mädchennamen Nicola Spieß Österreichische Meisterin im Abfahrtslauf – im April 1975 gewann ich das Rennen in Altenmarkt-Zauchensee. Mit der Startnummer 23, vor Brigitte Totschnig und Wiltrud Drexel. Das war schon eine ziemliche Überraschung. Die Journalisten nannten mich Niki. Ich war 16 Jahre alt.

Die Skifirmen hatten damals großen Einfluss auf die Verbandspolitik. Sie bildeten Allianzen mit Trainern, sprachen bei Aufstellungen und Besetzungen mit. In den 1970er-Jahren ging es erstmals um Geld und Verträge, die Struktur des Skisports hatte sich verändert. Damit fing der Machtmissbrauch an. Auch in Form von unangenehmen Annäherungsversuchen. Mit der Attraktivität der maßgeblichen Männer hatten die Flirts – und dabei blieb es oft nicht – wenig zu tun. Wer nicht mitspielen wollte, brachte seinen Startplatz in Gefahr. Und es gab Übergriffe, sexualisierte Gewalt. Von Trainern, von Betreuern, von Kollegen, von

Serviceleuten. Ich war ein Teenager, der Dinge sah, die sonderbar waren.

Ich erinnere mich an den Fall einer jüngeren Rennläuferin. Sie wurde bei ihrem ersten Geschlechtsverkehr mit einem Kollegen heimlich gefilmt – er hatte eine Kamera im Kasten versteckt. Das Video wurde kurz darauf der ganzen Mannschaft vorgespielt. Das ging damals als Scherz durch. Ihm ist gar nichts passiert, sie hat sich zu Tode geschämt und den Sport geschmissen. Die Frau war ruiniert. Es war grausam, aber so war das damals eben. Alle haben von diesen Vorgängen gewusst. Man dachte, das sei normal. Geredet wurde darüber kaum, erst recht nicht dagegen vorgegangen. Auch nicht, als eine Gruppe von Rennläufern unter dem Vorwand, Werbeaufnahmen für eine Firma zu machen, ein paar Frauen in ein Hotelzimmer lockte und pornografisches Material erstellte. Man brüstete sich damit.

Ich wuchs in einer Skifamilie in Mayrhofen auf. Meine Mutter hatte 1948 zwei Bronzemedaillen bei den Olympischen Spielen in St. Moritz gewonnen. Vater war ebenfalls Rennläufer, Trainer und Skifunktionär, und auch mein Bruder, er ist drei Jahre älter als ich, war im Skiweltcup erfolgreich. Die Sommermonate verbrachte ich abwechselnd auf verwässertem Gletscherschnee und mit Konditionstraining. Im Winter gab es noch weniger Freizeit – Training, Skirennen und Schule, meine Mutter legte viel Wert auf gute Ergebnisse, bei allem, was ich tat. Der Drang, diesem ehrgeizigen Umfeld zu entfliehen, wurde stärker, als ich zwölf war.

Ich habe mich selbst in dieser Schule angemeldet, im widerwärtigsten Ski-Internat, das man sich nur vorstellen kann. Dort wurde versucht, Menschen zu brechen, nicht nur mit erzwungenem Essen, auch in der Sexualität. Ein Schulkollege wurde auf mich Neuankömmling angesetzt – angestachelt von der Geilheit des Heimleiters. Es geschah in meinem eigenen Zimmer. Mitschüler, die in diesem System Bonuspunkte sammeln wollten, wurden dazu verleitet, als Spanner dabei zu sein. Der Vergewaltigung fehlte der Akt an sich. Ich konnte mich mit kindlicher Überlebensstrategie wehren: Schreien half nicht, der Tritt in den Unterleib sehr wohl. Die Tatsache, dass der Mann, der diese Aktion aus reiner Frauenverachtung heraus inszeniert hatte, dabei Befriedigung vor meiner Zimmertür erlebte, war der erste große Schock in meinem Leben. Die Buben wurden in der Skihauptschule gruppenweise in die Erzieherwohnung geholt. Der Heimleiter verabreichte ihnen Cognac, gab ihnen Pornohefte in die Hand und animierte sie zum Onanieren. Er war auch unser Biologielehrer und sprach im Aufklärungsunterricht davon, dass Frauen im Intimbereich und an den Brüsten immer schmutzig wären, er riet den Mädchen, mehrmals täglich die Unterwäsche zu wechseln. Einige meiner Mitschüler schaffen es bis heute nicht, über diese Zeit zu reden.

Als ich später ins Skigymnasium in Stams wechselte, war alles anders. Stams war ein Refugium, ein richtiger Zufluchtsort. Nie habe ich dort etwas Verdächtiges erlebt. Nie kam mir dort ein Trainer oder Lehrer „eigenartig" vor. Diese Schule bot mir eine völlig neue Form der Sozialisierung: Dort verliebte man sich unter Gleichaltrigen, behandelte einander immer kollegial, man konnte gut miteinander reden. Der Sport war wichtig, aber man hat sich nicht über ihn definiert. In Stams war es nicht entscheidend, wer am schnellsten zwischen den Stangen war. Und es gab auch nicht dieses Hierarchiegefüge wie im Verband.

Als 15-Jährige bestritt ich meine erste volle Weltcupsaison. Wir waren viel unterwegs. Und man war sexuell irrsinnig freizügig. Jeder hatte mit jedem Affären. Es ging rund. Ist ja grundsätzlich in Ordnung, aber ich war noch sehr jung. Ich versuchte, meine Unsicherheit in diesem Umfeld mit schmutzigen Witzen zu überspielen. Als ich 16 Jahre alt war, setzten mich zwei Männer unter Alkohol, einer der beiden hat mich vergewaltigt. Das hat mich jahrelang bedrückt. Ich konnte mit niemandem darüber sprechen – ich schämte mich. Auch weil er ein Mannschaftskollege war. Und weil ich mich habe ansaufen lassen. Und ich suchte die Schuld bei mir, wie es junge Frauen so oft machen.

Es gab viele Rennläuferinnen, die schwer an Bulimie litten. Ich war eine davon. Heute sehe ich das im Zusammenhang mit dem Selbstbild, das wir Frauen im Skiteam unter dem sexistischen Machtmissbrauch entwickelt haben. Damals wusste ich nicht einmal, dass Bulimie eine Krankheit ist, der Begriff war auch noch nicht allgemein bekannt. Ich habe mich damit regelrecht „angesteckt": Ein älteres Mädchen hatte damit begonnen, und wir Jüngeren machten es nach. Zehn Jahre lang habe ich meinen jugendlichen Körper mit diesem wilden Nachfüllen und Ausleeren geschunden. Ständig hin- und hergerissen zwischen dem Wunsch, meinen Körper als begehrenswert zu betrachten, und der Versessenheit, ihn zu verzerren und zu hassen.

Das Frauenbild im Sport hat sich bis heute nicht groß verändert. Ich höre die Leute im Gasthaus reden:

„Die Anna Veith ist fesch, die Michaela Kirchgasser auch, und erst die Lindsey Vonn!"

„Aber was ist denn das für ein Pferd?"

„Wie hässlich sieht denn die aus?"

Dieser Ton ist normal, und wer stößt sich schon daran? Nur Moralapostel. Aber ich habe die Hoffnung, dass die nächste Generation es besser machen wird. Mein Sohn ist mehr Feministin, als ich es bin.

Warum ich damals nicht alles hingeschmissen habe? Ja, vielleicht hätte ich dem Rennsport schon früher den Rücken kehren sollen. Aber man darf die große emotionale Abhängigkeit nicht vergessen: Es ist der Sport, für den man lebt, für den man alles macht, für den man Opfer bringt. Ich wurde 1976 in Innsbruck Vierte in der Abfahrt, nur um 21 Hundertstel habe ich eine olympische Medaille verpasst. Ich liebte das Skifahren, doch das gesellschaftliche Umfeld des Skiteams habe ich bald einmal gemieden. Zum Wohle des eigenen Seelenfriedens. Ich bestand immer auf mein Einzelzimmer, widmete mich der Literatur, der Philosophie und der Musik. Ich hatte Freundinnen im Skizirkus – keine war aus Österreich. 1979 nahm ich an den akademischen Skimeisterschaften teil und wurde daraufhin vom Verband gesperrt, der Wechsel zu einer anderen Nation wurde mir nicht ermöglicht. Zwei Jahre später beendete ich meine Karriere. Es war irgendwie eine Erleichterung. Um bald darauf zur Skiführerprüfung antreten zu dürfen, musste ich mit dem Verfassungsgerichtshof drohen. Es hieß, Frauen könnten das nicht, sie wären körperlich zu schwach. Wir waren drei Frauen, die es dann doch durften. Und auch konnten.

Heute bin ich Großmutter, ich habe alles hinter mir, es ist verarbeitet, abgeschlossen. Ich bin nicht mehr wütend. Ich kann über das Erlebte sprechen. Mehr als das, ich muss es tun. Um Menschen die Kraft zu geben, sich mitzuteilen, wenn der Fall der Fälle eintritt. Betroffene müssen sich jemandem anvertrauen können, die Gesellschaft muss ihnen den Rücken stärken. Jeder Mensch kann in eine Situation geraten, der er machtlos ausgeliefert ist.

Skikanonen

Er war mein Großvater. Mit sieben musste er weg von daheim, um für seinen Lebensunterhalt zu arbeiten – als „Hiatabua" bei fremden Bauern. Geschlafen hat er im Ziegenstall. Essen gab's wenig. Kalt war ihm, am Körper, und in der Seele auch, später im Ersten Weltkrieg. Als Soldat war er mit Ski unterwegs, und mit der Eisenbahn, als Dampfkesselheizer. Dort lernte er die Gewerkschaftsidee kennen, und Leute, die ihn unterstützten. Er wurde Lokführer und Widerständler gegen den aufkeimenden Nationalsozialismus. Als die braune Geheimpolizei begann, Angst und Schrecken zu verbreiten, war er Vater von zwei Söhnen. Meine Großmutter und er haben alles getan, um den Kindern eine höhere Schule und das Skifahren zu ermöglichen.

Mein Vater war als sportlich ambitionierter Pimpf in der Hitlerjugend gern gesehen. Er erzählte mir von gefährlichen Wehrsportspielen (sic!) hoch über Innsbruck, in den Wänden der Nordkette. Und wie sein vom HJ-Führer geschätztes Skitalent meinen widerständigen Großvater vor dem KZ bewahrte. Die Sozialisten waren nach dem Verbot ihrer Partei 1934 zwar organisatorisch stark geschwächt, mein Opa ließ sich aber trotzdem seine Meinung über die NSDAP nicht verbieten. Als Triebwagenfahrer der Stubaitalbahn war er beliebt, besonders wegen seines Humors. Satirisch bis zynisch witzelte er über Hitler und dessen Verheißung der Volksgemeinschaft nach dem Führerprinzip.

Einem oder mehreren Volksgenossen dürfte das missfallen haben: Die Sorge um Ordnung an der Heimatfront war groß. Die Oma war ausgegangen. Der Opa hatte einen freien Tag und war mit meinem Vater allein zu Hause. Der Gestapo-Schlägertrupp tauchte ohne Vorwarnung in der bescheidenen Arbeiterwohnung auf. Nachdem sie meinen Großvater genug geprügelt hatten, um auch seinem Sohn das Grauen vor ihren Methoden lebenslang einzubläuen, schleiften sie Opa mit ins Verhörquartier. Die Reichsskiwettkämpfe standen bevor, und mein Vater stand als einer der heißen Sieganwärter unter dem Protektorat des Regimes. Er wandte sich an einen der Führer in der Hitlerjugend – und Opa kam frei, noch bevor er in einem Lager verschwunden war.

Seit damals stand Skifahren in unserer Familie als Lebensgrundlage an oberster Stelle. Auch bei meiner Mutter, die aus Linz stammte. Sie hatte sich in meinen Vater, das Skifahren und die Tiroler Bergwelt verliebt. Und sie fand auch eine Überlebensstrategie: Den Krieg konnte man als sportliches Mädel im Auftrag der Ideologie besser überdauern als im Kriegsdienst in der Munitionsfabrik. Mutter war Turnerin, Leichtathletin, in der Hitler-deutschen Tennisauswahl, sie konnte Turmspringen und Klettern, und sie hatte viel

Ehrgeiz. Bei den ersten Olympischen Spielen der Nachkriegszeit musste sie sich zwischen London und St. Moritz entscheiden. Sie hat den Weg in den Wintersport gewählt – und Medaillen geholt.

Meine Eltern waren auch als Unternehmer im Skisektor erfolgreich. 1954 übernahm meine Mutter die Leitung der Skischule Mayrhofen – mit bescheidenen Ressourcen und ohne eigene Mittel. Nach und nach bauten meine Eltern einen Skibetrieb auf, der in den Wintermonaten einer der größten Arbeitgeber im Ort werden sollte. Disziplin gehörte zum Führungsstil. Ein Spruch meiner Mutter hat sich mir eingebrannt: „Frieren ist Charakterschwäche", meinte sie lapidar, wenn sie mit Grippe fiebernd bei eisiger Kälte am Berg für einen geordneten Unterrichtsablauf sorgte. Mein Vater kontrollierte die Haarlänge und die Sauberkeit von Hemdkrägen beim Personal. Wer nach 20 Uhr in Skilehreruniform im Gasthaus gesehen wurde, musste Strafgeld in die Skilehrerkasse einzahlen. Den meisten Mitarbeitern erschien das als normal. Mir auch. Bis ich etwas später die Hippie-Bewegung entdeckte. Ich hörte Pink Floyd und Joan Baez, las „Die Blechtrommel" und „Ansichten eines Clowns". Als wir Teenager gegen den Vietnamkrieg, den Kapitalismus und die Atomkraft protestierten, hatte ich viele Fragen – vor allem Fragen von Schuld und Unschuld. Hatten auch unsere Eltern von Kriegsverbrechen gewusst und geschwiegen? Zu Hause war vieles tabu. Die Oma in Innsbruck hatte zumindest die „Arbeiterzeitung" abonniert. Ich las sie bei ihr im Gartenhäusl und in der Küche auf der Kohlenkiste. Die Oma in Linz las die „Neue Revue" und die „Bunte". Sie nahm Anteil am Leben des Adels, blieb kaisertreu bis zum Tod. Aus dem politischen Disput meiner Großmütter bin ich damals nicht recht schlau geworden. Heute kann ich vieles besser verstehen. Auch ihnen wurde Unrecht getan, ebenso meiner Mutter und auch meinen männlichen Vorfahren.

Ski Heil!

Meine Eltern wurden von Kind an in einem totalitären System und mit viel Sport sozialisiert. Skifahren war als Lebensrettung verinnerlicht. Und nach dem Krieg war es die große Chance in der Zeit des Wiederaufbaus. Deshalb wurde kaum hinterfragt, dass man sich in einem Sportsystem befand, in dem faschistische Tendenzen noch längst nicht Geschichte waren. Eine Geschichte, die stark mit dem Sport verwoben ist. „Turnvater" Jahn hatte bereits vor 200 Jahren eine nationalistische Sportumgebung geschaffen. Rund 100 Jahre später führte der Deutsche Alpenverein den Arierparagraphen ein. 1923 wurde er in die Verbandsstatuten des Österreichischen Skiverbands (ÖSV) aufgenommen.

Während man sich in den Alpenvereinen mit der Aufarbeitung der antisemitischen Vergangenheit durchaus ernsthaft beschäftigt hat, steht der Österreichische Skiverband diesem Thema noch vergleichsweise sprachlos gegenüber. Die sportlich so ruhmreiche Skigeschichte Österreichs zeigt sich diesbezüglich von einer nicht besonders ehrenhaften Seite.

Schon bei der Gründung des ÖSV im Jahr 1905 wurde Mathias Zdarskys „Internationaler Alpen Ski-Verein" vom Initiator Wilhelm Paulcke nicht eingeladen, dem Verband beizutreten. Weder die fortschrittliche Skitechnik der „Lilienfelder Schule" noch die Ablehnung antisemitischen Gedankenguts passten ins Bild der nationalen Skibewegung.

Am 17. November 1920 war Graz der Tagungsort der Vertreterversammlung sämtlicher Skivereine des ÖSV. Wichtigster Tagesordnungspunkt dieser Sitzung war der Arierparagraph, also die Startberechtigung nur für arische Rennläufer. Übrigens: Besonders die Anhänger „Turnvater" Jahns lehnten es ab, gegen Nichtarier anzutreten. Da sich der ÖSV noch nicht dazu entschließen konnte, den Arierparagraphen in seine Satzungen aufzunehmen, entstand im September 1921 ein „Deutschvölkischer Skiverband", der die Landesverbände Steiermark, Kärnten und Salzburg sowie einzelne Vereine Oberösterreichs, Tirols und Wiens umfasste.

Bei der Vertreterversammlung am 6. und 7. Oktober 1923 in Bad Ischl wurde der Arierparagraph vom ÖSV letztendlich angenommen. Einige Vereine traten deshalb aus dem ÖSV aus und gründeten 1924 den „Allgemeinen Österreichischen Skiverband" (AÖSV), dem sich bald auch Vereine aus dem Salzkammergut und Tirol anschlossen. Somit konnte sich der ÖSV 1924 als „rassenrein" bezeichnen, und der „Deutschvölkische Skiverband" löste sich im ÖSV auf.

1926 stellte der AÖSV beim internationalen Skiverband FIS (Fédération Internationale de Ski) den Antrag auf das Alleinvertreterrecht, da der

ÖSV nicht allgemein zugänglich sei. Und tatsächlich wurde der ÖSV unter Androhung des Ausschlusses aufgefordert, den Arierparagraphen binnen drei Monaten aus den Satzungen zu streichen. Da der ÖSV jedoch keine Anstalten machte, den umstrittenen Paragraphen zu streichen, traten der Tiroler und der Salzkammergut-Skiverband und einige Wiener Vereine aus dem ÖSV aus und gründeten den „ÖSV 1905". Dabei ging es wohl weniger um moralische Aspekte als darum, den Rennläufern das Startrecht im Ausland zu sichern, denn bereits vier Monate später kam es zur Wiedervereinigung der beiden Verbände und zum Beschluss, aus der FIS auszutreten.

Um den Läufern bei den ersten Winterspielen in St. Moritz 1928 dennoch einen Start zu ermöglichen, musste man sich schweren Herzens mit dem AÖSV einigen: Der Dachverband „Österreichische Ski Delegation" wurde gegründet und entsandte seine Läufer zu den Olympischen Spielen.

Es gab aber nicht nur Auseinandersetzungen zwischen ÖSV und AÖSV wegen des Arierparagraphen. Auch die Arbeitersportbewegung, der ASKÖ, war ein Dorn im Auge der ÖSV-Funktionäre. Einzelne Sportler und sogar ganze Klubs wurden aus dem ÖSV ausgeschlossen, weil sie an Veranstaltungen des ASKÖ teilgenommen hatten. Und die zunehmende Radikalisierung im Gefolge des Brandes des Justizpalasts im Jahr 1927 war im Sport besonders deutlich zu spüren.

Nach dem Einmarsch Hitlers in Österreich wurden in einer „Generalversammlung" am 7. Juni 1938 die Auflösung aller Skiverbände und deren Unterstellung unter ernannte nationalsozialistische Amtswalter bekannt gegeben.

Im Dezember 1945 wurde in Kitzbühel eine Neugründung des ÖSV beschlossen – als Symbol dafür, dass dieser ÖSV eine völlig unpolitische, nur dem Sport verschriebene Organisation war, die nichts mit den politischen Ambitionen des Vorkriegs-ÖSV zu tun hatte. In diesem Zusammenhang mutet es ein wenig befremdlich an, dass sich der Skiverband heute seines mehr als 100-jährigen Bestehens rühmt und kein Zeichen für die Opfer des Naziregimes – auch den weniger prominenten als Rudolf Gomperz oder Hannes Schneider – setzte. Dagegen nimmt sich die Beharrlichkeit, mit der „Schi" in Österreich immer noch gern geschrieben wird, eher harmlos aus. Nur die wenigsten wissen, dass diese Schreibweise in der Rechtschreibreform des Nationalsozialismus ausdrücklich von Adolf Hitler persönlich verlangt wurde.

Alles Wedeln!

1955, im Frühling, wurde die Schuldklausel aus dem Staatsvertrag gestrichen und Österreich war frei, im Sommer kam mein Bruder auf die Welt. Drei Jahre später wurde ich geboren. Im Zillertal steckte der Wintertourismus noch in den Kinderschuhen. Ich auch. Aber bald schon wurden mir Ski angeschnallt. Es herrschten Aufbaustimmung und Feierlaune, da kam das Wedeln gerade recht. Mir war das manieristische Getue der Keilhosenträger ziemlich suspekt. Wie ich mich besser durch den Wald und den Bruchharsch bewegte, fand ich mit frühkindlicher Neugier von allein heraus.

Neben dem Wedeln – die Experten nannten es Beinspieltechnik mit Verwindung – fiel mir auf, dass viel übers „rechte" Skifahren diskutiert wurde. Erst später erfuhr ich, dass Skifahren in unseren Breiten seit jeher ideologisch besetzt war. Der Konflikt um die richtige Skitechnik begann 1896 mit der Veröffentlichung von Zdarskys erstem systematischen und methodisch durchdachten Lehrplan für den alpinen Gebrauch von Ski: Die „Lilienfelder Skifahr-Technik" löste Methodenstreits aus, die sogar in Duellforderungen endeten.

Die Kontroversen, stets geprägt und begleitet von wirtschaftlichen Interessen, Eitelkeiten und Hegemonieansprüchen, überdauerten zwei Weltkriege. Auch danach flogen im Kampf um die

Deutungshoheit für Skimethodik auf nationalen und internationalen Skikongressen ordentlich die Fetzen. Maßgeblich an den Streitereien waren immer Österreicher und Deutsche beteiligt. Von 1934 bis 1972 führte Stefan Kruckenhauser Österreichs Skigeneralstab an – und recht kampflustig von Symposium zu Symposium. „Krucks" Methodik zeichnete sich nicht durch ihren natürlichen Stil aus. Diese Anmerkung gilt übrigens unter gestandenen Skipädagogen bis heute als Sakrileg. Die Möglichkeit, dass vielen dadurch die Lust am Skifahren bereits beim ersten Schulskikurs vergangen ist, wird von heimischen Tourismusexperten in ihrer Sorge um den Rückgang von Skifahrer-Manntagen erst gar nicht in Betracht gezogen. Weniger demagogische Betrachter sind schon vor langer Zeit zu der Erkenntnis gekommen, dass sich in den vergangenen 25 Jahren mit der Entwicklung von stärker taillierten Ski eine selbstständige, natürliche Skifahrtechnik entwickelt hat, die mit parallelkantigen Ski so nicht möglich war.

Das ist eine Tatsache, die jederzeit und auf allen Pisten der Welt ihre Spuren hinterlässt. Die „geschnittene Kurve" war mit geringer Sidecut-Tiefe tatsächlich nur den wahren Könnern vorbehalten. Das hat sich verändert. Nicht, dass sich jetzt jeder Skinovize am Übungshang gleich in paralleler Skistellung carvend um die Kurve bewegt. Aber man müsste die Grundlagen der Physik verleugnen, wenn man der Skiform ihre grundsätzliche Wirkung – auch im Anfängerbereich – abspricht.

Die Skigeometrie und andere Konstruktionseigenschaften sind immer wirksam. Man kann sie zwar unterschiedlich, aber auf jedem Level des Könnens nutzen. Sobald eine Kante greift, fährt der Ski automatisch in ihre Richtung. Das war schon immer so. Damit aus dem damit oft verknüpften Verkanten eine angenehme Wirkung wird, hat man sich auf die Taillierung rückbesonnen. Am Konstruktionsradius und allen die Autokinetik unterstützenden Parametern wird übrigens schon seit den 1970ern getüftelt. Noch vor der Jahrtausendwende sprachen Insider nur mehr von Ski. Carvingski waren so selbstverständlich geworden wie Schnallenskischuhe, Farbfernseher und Synchrongetriebe im Auto(mobil).

Carven wurde von der österreichischen Skilehrerschaft erst 2001 offiziell als Thema aufgegriffen. Dem damals erstellten Skilehrplan, der 15 Jahre lang als verbindliches Lehrmittel diente, wurden den alten Begriffen – nach jahrelanger Ignoranz – für den gesamten Skilehrweg kurzerhand ein paar Ausdrücke rund ums Carven hinzugefügt. Keiner, der sich ernsthaft mit der Entwicklung von Carvingski und ihren skitechnischen Möglichkeiten beschäftigt hat, ist je auf die Idee gekommen, zwischen „herkömmlichem Skifahren" und Carving zu unterscheiden. Den simplen Pflugbogen als „Carven aus der Winkelstellung" zu bezeichnen – nun ja, darüber wurde diskutiert ... und auch gelacht.

Ski total!

Wie die meisten der Nachkriegsgeneration machte auch ich die ersten Schritte und Bogerln auf Schnee mit geschnürten Lederschuhen auf geerbten Holzlatten ohne Kunststoffbelag. Meine ersten eigenen Ski kamen aus der heimischen Wagnerei. Sie hießen Snowflake, waren mit meinem Namen und zur großen Freude bei Pappschnee mit einem gelben Kofix-Belag versehen. Zwei Jahre lang waren sie mein Lieblingsspielzeug – von Nikolo bis Ostern, jeden Tag, von früh bis spät.

Die Eltern waren mit den damals schon zahlreichen Skischülern beschäftigt. Die größeren Kinder am Vormittag in der Schule. Es war ganz normal, dass meine Freundin und ich mit vier, fünf Jahren allein am Berg unterwegs waren. Wir konnten tun und lassen, was wir wollten. Außer in Lawinenhängen spazieren fahren. Einmal hat uns der Vater meiner Freundin dabei erwischt. Da hat es ordentlich gekracht. Wir haben uns vor ihm mehr gefürchtet als vor dem Weißen Tod. Es hat gewirkt.

Die Spielphase ging vorüber – schneller als gedacht. Statt zwischen Zirben und Fichten zu schwingen, flitzten wir fortan durch Stangenwälder – auch lustig, aber nicht immer. Gar nicht lustig war mein erstes Trainingslager mit dem Landeskader. Ich war erst sieben, es war bitterkalt, der Hüttenwart ein Heißläufer, und die älteren Kolleginnen im Schlafsaal hatten ihre Freude daran, uns Jüngste in der Nacht das Fürchten zu lehren. Das Training war monoton. Wir durften die erfrorenen Zehen zwischendurch nicht wärmen. „Nur die Harten kommen durch", hieß es. Ich war im totalen Skisystem angekommen.

Skifahren machte trotzdem viel Freude, aber eben nicht nur. Die schlimmsten Momente waren jene, in denen ich von schweren Unfällen erfuhr, oft direkt auf der Piste oder im TV zusehen musste. Es gab in den 1960ern und 1970ern einige Todesfälle von Freunden. Wir haben kaum darüber gesprochen. Weder mit Trainern noch untereinander im Team. Am schlimmsten getroffen hat mich der Sturz meines Bruders, den ich im Fernsehen mitansehen musste. Er, der mir von klein an das Springen beigebracht hat und kurz davor mit einem mutigen Satz über die Grödner Kamelbuckel eine kleine Skilegende geschrieben hatte, stürzte bei einem weniger tollkühnen Sprungmanöver in St. Moritz. Er verpasste sich beim Absprung mit dem Knie am Kinn selbst ein K. o. und flog bewusstlos wie eine Puppe durch die Luft.

Bei meinem Bruder ging es – abgesehen vom total kaputten Knie – noch glimpflich aus. „Bewahre uns Gott", um Tante Jolesch zu zitieren, „vor allem, was noch ein Glück ist." Der Sturz war so spektakulär, dass man ihn in Endlosschleifen auf allen möglichen Bildschirmen Revue passieren ließ. Der Familie wurde jedes Mal übel. Dem

Publikum taugte es. Vielleicht trug dieser Unfall auch dazu bei, dass bei den Verantwortlichen die Sicherheit mehr und mehr in den Fokus geriet. In dieser Zeit, in der das Material und die vereisten Strecken noch nie dagewesene Geschwindigkeiten erlaubten, begann man erstmals ernsthaft an konsequenten Sicherheitskonzepten zu arbeiten.

Der Status quo der Sicherheitstechnik heute kann sich sehen lassen. Und trotzdem gibt es Lücken. Sie entstehen dort, wo sich Funktionäre vom Druck verleiten lassen und Rennen um jeden Preis durchziehen – müssen. Selbst wenn die Athleten ab und zu protestieren. Der internationale Skiverband reagiert auf die Anliegen der Läufer mit noch mehr Ignoranz. Es gibt gar einen Maulkorberlass. Unangebrachte Äußerungen in den Social Media, die FIS betreffend, werden im Reglement wörtlich als Blasphemie bezeichnet und können sanktioniert werden. Warum aber riskieren Menschen für das Spektakel Sport ihr Leben? Warum lassen sich Rennläufer das bloß gefallen, dass sie für einen Sieg ihre Gesundheit aufs Spiel setzen? Warum stehen nicht alle gemeinsam auf und setzen veraltete Funktionäre und Strukturen einfach ab? Wo bleibt der Generalstreik, wenn Strecken, Regeln und Umgangston nicht passen? Der Verdacht keimt auf: Sind etwa die Kopf-Sponsorgelder und die Höhe der Siegesprämien die Kennziffern ihrer Unterwürfigkeit?

Nein! Geld allein ist nicht der Grund, warum sich Menschen Sportverbänden unterwerfen. Eine schlüssigere Antwort liefern uns die Soziologen. Spitzensport weist starke Parallelen mit totalen, abgeschirmten Institutionen auf – wie in Kinder- und Altenheimen, Klöstern, Gefängnissen oder bei der Besatzung von Schiffen ...

Mit Totalisierungstendenzen, sukzessive vereinnahmenden Entwicklungen sind im Skirennsport bereits die Grundschulkinder konfrontiert. Und je erfolgreicher sie sich im Rennlauf bewegen, umso mehr werden sie vom System vereinnahmt: Zunahme der Wettkampf- und Leistungsdichte, die Internationalisierung des Renngeschehens, der Anstieg der Erwartungshaltungen – die Leistungsanforderungen erhöhen sich graduell. Bei den Eltern und Betreuern fängt der Erfolgsdruck an, er zieht sich über die Vereinsfunktionäre, die Öffentlichkeit und die Medien bis hin zu den Ausrüstern und Sponsoren ... Doch der Athlet selbst empfindet mit Leistungsdruck verbundene einschränkende Phänomene meist als „zwanglose Zwänge".

Die Steigerung des Trainingsumfangs und der trainingsbegleitenden Maßnahmen führt zur erschöpfenden Ausnutzung der Zeit. Der Athlet kann über sie nicht mehr frei verfügen. Die Vernachlässigung anderer Lebensbereiche, zum Beispiel Schule, Freundschaften oder Familie, liegt auf der Hand – und damit der Wegfall gewohnter Handlungsmuster. Sie müssen kompensiert werden. Der Lebensraum Skisport mit all seinen spezifischen Besonderheiten als Ersatzlebenswelt beziehungsweise Ersatzrealität wird voll akzeptiert.

Und anders als öffentlich wahrgenommen, bietet Hochleistungsskifahren keine Kontinuierlichkeit der Erwerbschance. Vielen Rennsportlern fehlt eine finanzielle Absicherung für die nachsportliche Zukunft. Und die Möglichkeiten einer Karriere ohne Ski sehen für die meisten nicht besonders rosig aus. Die frühe Konzentration auf den Sport und die damit häufig einhergehende Orientierung oder besser Nichtorientierung am Bildungsweg, nicht selten bis zum Schulabbruch, schränkt viele auf den Verbleib in der Skibranche ein.

Am Ende der Sportkarriere stehen viele Sportler auch vor dem Verlust ihres sozialen Netzwerks – die über viele Jahre aufgebauten und gepflegten Beziehungen halten nicht mehr. Deshalb machen Läufer, die ihren Leistungszenit längst überschritten haben, manchmal noch ewig weiter. Besonders den Stars, die jahrelang die Aufmerksamkeit der Öffentlichkeit genossen haben, bereiten der Verlust ihrer Sonderstellung und das Fehlen einer Lebensaufgabe beim Übergang in das „normale Alltagsleben" oft ziemliche Probleme. Und das, obwohl sie finanziell abgesichert sind.

Über die Größe der Ski-Renn-Idee kann man streiten. Um die Skihelden aber zu verstehen, braucht man sie nur von ihrer menschlichen Seite zu betrachten. Unter der eng anliegenden Rennhaut des wildesten Abfahrtshunds, der ganz locker über die „Mausfalln satzt", steckt auch nur ein Mensch. Mit ganz normalen menschlichen Gefühlen und seiner Abhängigkeit vom System. Wenn sich der Zuschauer ernsthaft nach dem „Warum?" des Leistungssports fragt, muss er auch die Totalisierungstendenzen des Skirennsports hinterfragen, der diese Gefühle zum Selbsterhalt der inneren Strukturen benutzt.

Die Institution Skihochleistungssport versucht, die Athleten möglichst eng an sich zu binden. Und gerade Österreich ist ein Paradebeispiel für Totalisierungstendenzen im Skispitzensport. Es gibt keine andere Nation, für die Skirennlauf einen so hohen Stellenwert besitzt. Die vielen Eltern, die ehrgeizig bemüht sind, ihren Kindern durch den Skisport Ansehen und Karriere zu „ermöglichen"! Oft wird schon im Kindergartenalter mit gezieltem Training begonnen. Das erste große Ziel scheint erreicht, wenn der Nachwuchs in einen „Kader" des regionalen oder gar nationalen Skiverbands aufgenommen wird.

Auf dieser Ebene setzt der Totalisierungsmechanismus des Spitzensports so richtig ein. Und die Totalisierung betont ihre eigene Rigidität kontinuierlich – durch eine starke Reglementierung des Verhaltens und die Einschränkung des Handlungs- und Entscheidungsfreiraums der Athleten. Auf der einen Seite durch strenge Regeln, strikte Zeitpläne und harte Auslese. Auf der anderen durch Lob und Anerkennung, abwechselnd mit Kritik.

Nur wer sportlich sehr talentiert ist, konsequent trainiert und menschlich alle Härten verkraftet, schafft es in die höchste Ski-Liga, den Ski World Cup. Hier hängen der Alltag und das Handeln der Aktiven zusätzlich zum nationalen Verband auch noch an den Regeln und dem Rennkalender des internationalen Skiverbands, der FIS. Gewaltenteilung gibt es bei der FIS nicht. Allgewaltig ist sie gleichzeitig Legislative, Exekutive und Judikative.

Diese Beengung kann bei mündigen, reflektierenden Athleten unter Umständen dazu führen, auf die weitere Ausübung der sportlichen Karriere zu verzichten. Manche schlagen auch bewusst den Weg des „Enfant terrible" ein: Läufer, die sich für den Verbleib in der Institution Rennsport entschließen, verhalten sich oft ähnlich wie Insassen totaler Institutionen.

Bemerkenswert ist, dass sich viele durch die rigiden Vorgaben und Sanktionen der nationalen Verbände und der FIS nicht beziehungsweise kaum in ihrer Handlungs- und Entscheidungsfreiheit eingeschränkt zu fühlen scheinen. Das Denken und Handeln von Athletinnen und Athleten wird zwar über den gesamten Karriereverlauf unmittelbar von direkten Umfeldakteuren geprägt. Doch viele sprechen sich gegen den Sachverhalt der Einschränkung der persönlichen Freiheit öffentlich und direkt aus.

Man könnte vermuten, dass die Anpassungsleistungen an den internationalen Spitzenskisport und die dort vorherrschenden Strukturbedingungen von den meisten als ein „normaler", ein „un-abänderbarer" Bestandteil des gewählten Lebens-wegs betrachtet werden. Doch neben den un-reflektierten Anpassungsmechanismen existieren auch solche, die dem Einzelnen gewisse, teilweise nur subjektiv gefühlte Freiheiten im Umgang mit institutionellen Zwängen vermitteln. Sie hängen stark mit den sportlichen Erfolgen zusammen.

Die Strategie, sich in Gruppen vom System ab-zuspalten, kommt im Skisport bei weniger erfolg-reichen Sportlern zwar hin und wieder vor. Sie ist allerdings relativ selten anzutreffen und meistens mit dem Verlust der Kaderzugehörigkeit im natio-nalen Verband und/oder einem Verbandswechsel verbunden. In dem von Konkurrenzgedanken ge-prägten Skialltag sind solche Zusammenschlüsse zweckgebunden. Die zur Organisation von Trai-ning und Kostenreduzierung beitragenden Inter-essengemeinschaften sind oft nur von kurzer Dauer.

Die Schaffung eines spezialisierten Betreuungs-umfelds ist meist nur sehr erfolgreichen oder aus wohlhabenden Familien stammenden Athleten vorbehalten. Sie wählen damit den „Rückzug aus der Situation". Was im Team vor sich geht, nehmen sie nur wahr, wenn es in unmittelbarem Zusammenhang mit der eigenen Person steht. Die sogenannte „Konversion" ist für österreichische Aushängeschilder die weitaus gängigste Strategie seit Jahrzehnten. Das Akzeptieren und Verinner-lichen einer institutionalisierten, gut vermarktbaren „Ideal-Biografie" ist in den letzten Wochen durch die neuerliche Öffnung des „Aktes Toni Sailer" sehr gut sichtbar geworden.

Der weiße Rausch

Wenige, die mit Toni Sailer gern und oft anstießen, haben das auf die Gesundheit getan. Alkohol war eine gängige Droge im Skizirkus der 1970er. Der ÖSV war nicht nur erfolgreich im Sport, er war auch die führende Après-Ski-Institution. Funktionäre, Trainer, Serviceleute, eingeweihte Journalisten und bisweilen auch die Sportler selbst konnten sich in dieser Disziplin gut behaupten. Kurz gesagt: In der Ära Sailers als Rennsportdirektor hatte das Austria Skiteam ein handfestes Alkoholproblem. Dieses Problem zog mehrere andere Problemfelder nach sich: Disziplinlosigkeit und Verrohung schufen ein Klima, in dem sexualisierte Gewalt gut gedeihen konnte.

Karl Kahr, von seinen Fans zur Trainerlegende hochgejubelt, war überzeugt von seiner Methode „mit Zuckerbrot und Peitsche". Wie er die „wilden Abfahrtshunde an der langen Leine" hielt, darüber spricht er auch heute noch gern. Etwas abgeklärtere Zeitgenossen meinten, er bewegte sich an der Bruchkante zur Manipulation. Die Rolle der Frauen im Skiteam war im Angesicht der Testosteron-geschwängerten Atmosphäre auf das Dasein als Skimädchen reduziert. Kolleginnen und ich gingen Kahr gezielt aus dem Weg. „Downhill Charly" indes fischte männliche Talente aus dem Techniker-Pool. Er nannte sie „Zickzackfahrer" und holte sie in sein Abfahrtsteam. Nicht alle brachten den gewünschten Erfolg, aber immerhin genug. Denn damals gab es für Trainer Prämien für die erfolgreiche Platzierung ihrer Läufer. Sensible Kollegen erzählten, dass sie den Leistungsdruck und die abwertende Behandlung unerträglich fanden. Einige von ihnen sahen ihren Ausweg im Profizirkus und gingen in die USA. Ein guter Freund hat sich während der Zeit der ÖSV-internen „Quali" im Spätherbst 1977 mit 20 Jahren erhängt. Über den Inhalt seines Abschiedsbriefs kursierten Gerüchte, über die wir uns höchstens im Flüsterton unterhielten. Von offizieller Seite wurde unser Freund sprichwörtlich totgeschwiegen. Es waren nicht nur die winterlichen Temperaturen am Gletscher weit unter den Gefrierpunkt gefallen.

Der Klimawandel im Verband setzte schleichend ein. Die Olympischen Spiele von Sapporo 1972 bereicherten Österreichs Skigeschichte um die tragische Skilegende Schranz. Um den Helden emporzuheben, mussten Feindbilder geschaffen werden. Der Chef des Österreichischen Olympischen Komitees (ÖOC), Heinz Pruckner, meldete sich aus Japan: „Wir werden um ihn kämpfen – bis zur letzten Patrone." Der Schuss ging bekanntlich nach hinten los – Schranz hatte das Abfahrtstraining bereits aufgenommen, da traf das Internationale Olympische Komitee (IOC) mit 28 zu 14 Stimmen einen Beschluss: Schranz darf nicht starten – Verstoß gegen den Amateurparagraphen.

Avery Brundage, IOC-Präsident, superreich, Amerikaner, Schöngeist und greiser Idealist, wurde in gut koordinierten Hetzkampagnen von „Kronen Zeitung" und ORF zum Staatsfeind erklärt.

Der Enkel des IOC-Mitglieds Mautner-Markhof wurde in der Schule verprügelt, sein Senf kalt gestellt, und sein Schwechater Bier wurde als „Judas-Bier" bezeichnet. ÖSV-Präsident Karl Heinz Klee musste seine Tochter aus der Schule nehmen und rund um die Uhr bewachen lassen, weil nicht mehr für ihre Sicherheit garantiert werden konnte. Er widerstand dem von der aufgehetzten Masse geforderten Olympia-Boykott der österreichischen Ski-Equipe und ermöglichte den Athleten die Teilnahme an den alpinen Bewerben. Annemarie Pröll gewann Silber. Die Freude darüber reichte nicht aus, um die Kluft zu überbrücken, die sich kurz vor Beginn des Frauenabfahrtslaufs im österreichischen Betreuerteam aufgetan hatte. Bei einem Pressetermin im Österreichhaus ließ Rennsportleiter Franz Hoppichler die Bombe platzen: Die Atomic-Rennski von Annemarie Pröll und Brigitte Totschnig wurden erstmals nicht vom Frauencheftrainer Paul Kerber, sondern auf Wunsch von Firmenchef Alois Rohrmoser von Karl Kahr gewachselt. Detail am Rande: Kahr war damals als Frauentrainer des britischen Skiteams tätig.

Klee bekundete Rücktrittsabsichten. Hoppichler und Kerber teilten mit, sich mit dem Gedanken zu tragen, aus den ÖSV-Verträgen auszusteigen.

Es war ein Freitag. Ich war 13. Ich hatte einen „Gipshaxen", nachdem ich mir kurz zuvor bei den Junioren-Europameisterschaften das Schienbein gebrochen hatte, als mich die irritierenden Nachrichten aus Japan erreichten. Der „Professor", wie wir Hoppichler nannten, war für mich ein Fixpunkt im Skizirkus, seit ich mit acht im ÖSV-Nachwuchs trainierte und 1968 unter seiner Anleitung beim Interski-Kongress in Aspen, gemeinsam mit acht anderen Kids, im österreichischen Ski-Demoteam das Skilehrwesen vertrat. Hoppichler sprach sehr gut englisch und fließend französisch, war eloquent, mit spitzem Humor. Ab und zu wurde er grantig – dann beschimpfte er Zuspätkommende schon mal als „Fetzenschädel". Ein Pädagoge der damaligen Zeit eben – Disziplin war ihm wichtig, aber gerecht war er, und kompetent.

Hoppichler hatte als Erster nach Kriegsende den Trainingsbetrieb professionell organisiert, er brachte die Biomechanik in die Methodik und bot neben Didaktik für Trainer auch Hilfestellung für die Skijugend abseits der Pisten an: Auch in internationalen Hotels und bei Interviews sollten wir uns nicht aufs Glatteis führen lassen. Ins Wanken brachte seine Position die Wirtschaft. Österreichs aufblühende Ski-Industrie wurde 1972 von autoritären Figuren wie Franz Kneissl, dem Chef, Finanzier, Freund und Skiausstatter von Karl Schranz, beherrscht. Alois Rohrmoser hatte als Neueinsteiger im industrialisierten Skimarkt besonders viel vor: Die Firma Atomic stellte ihren Läufern erstmals firmeninterne Helfer zur Seite. Alle Skiproduzenten folgten dem Vorbild. Zunächst nahmen Trainer und Verbände die Hilfe der Serviceleute dankbar an. Niemandem war klar, dass mit diesem Schritt und der Gründung von Skipools ein Weg begann, mit dem die Industrie den Skisport fest in die Hand bekam. Der Interessenkonflikt war vorprogrammiert: Die Verbände benötigten Erfolge, damit weiterhin Subventionen flossen und ihr Skipool attraktiv blieb. Den Läufern halfen nur vordere Plätze zum Aufstieg – und zu Prämien. Aber die Voraussetzung dafür – der optimale Ski – hing von der Lieferfirma ab. Fortan waren Rennaufstellungen immer von Firmenpolitik beeinflusst. Bündnisse zwischen Verbänden, Trainern und Skipatriarchen wurden meist im Geheimen besiegelt. Karl Kahr war einer der wenigen Trainer, der seine Freundschaft zu Atomic ganz unverblümt zeigte.

1972 wurde Heini Messner – direkt nach seinem Karriereende als aktiver Rennläufer – als Frauencheftrainer ins Austria Skiteam geholt. Er war einer der exzellentesten Skifahrer dieser Zeit. Mit viel Feingefühl für individuelle Besonderheiten gab er sein Know-how an uns weiter. Olympiasiegerin Olga Pall umsorgte uns als Physiotherapeutin. Sie hat bei Bedarf auch unsere Seelen massiert. Die Presse bezeichnete uns als „Ski-Küken", als „Nachwuchs", als wir erste Erfahrungen in Weltcuprennen sammeln durften. Im Europacup mischten wir schon an der Spitze mit. Meine späteren Erfolge verdanke ich nicht zuletzt einem Trainer, der nur in Insiderkreisen Bekanntheit erlangte. Bert Derler hatte sich auf der steirischen Tauplitz vom Nachwuchsrennfahrer zum Trainergenie entwickelt. Er hatte eine besondere Gabe, uns einfühlsam zu coachen und gleichzeitig den individuellen Stil mit effizienter Skitechnik zu verfeinern. Es ging uns gut. Wir fuhren mit orangen VW-Bullis kreuz und quer durch Europa und auf Ski über Rennpisten vom Ätna über die Pyrenäen bis in die Hohe Tatra. Unsere Betreuer haben auf uns Skizirkuskinder geschaut. Leider sind sie nur zwei Jahre bei uns geblieben.

1973 reiste ich zum ersten Mal zu einem Skirennen in den Ostblock. Die internationalen Funktionäre nahmen die Umsetzung der Wettkampfstandards ziemlich locker. Den Veranstaltern fehlte es an modernem Know-how und an Ressourcen. Dafür gab es günstige Quellen für Kaviar, Krimsekt und Nutten. In den Hotels der Nomenklatura herrschte Ausnahmezustand. Und auch die Grundwerte des Marxismus wurden außer Kraft gesetzt. In diesem Ambiente war vieles möglich. Sogar das Unvorstellbare, das 1974 über Toni Sailer im „Stern" erstmals in die Öffentlichkeit geriet. Ein junger Journalist hatte akribisch recherchiert und mit viel Mut über weitreichende Zusammenhänge berichtet. Schon damals stand weniger die mögliche Straftat von Sailer im Mittelpunkt.

Es war das diplomatische Zusammenspiel, das politische Kalkül zweier Regierungen. Man hätte die Sache ernst nehmen müssen – und nicht zensieren. Als Mitglied des Skiteams wusste ich nicht, was ich glauben sollte. Es kursierten viele Geschichten und Gerüchte. Die Version des Skiverbands wurde zur Norm, der Journalist zum Schwein erklärt. Wir haben kaum darüber gesprochen. Das Thema war tabu.

Nach Zakopane suchte Toni Sailer bei einer längeren Rennserie in Nordamerika und Japan oft das Gespräch mit mir – auf Langstreckenflügen und am Skilift. Ich war 15, hatte gerade Solschenizyn entdeckt und die Protagonisten der Französischen Revolution. Darüber und über Tonis spirituelles Weltbild haben wir viel geredet. Er hat mir auch vom Flow-Erlebnis erzählt und mir erklärt, wie ich es bei Rennen herbeiführen könne – lange bevor das Phänomen benannt worden war.

Ich habe Toni Sailer als Coach vertraut, und er wohl meiner unvoreingenommenen Jugend. Für mich war es aber offensichtlich, dass ihm die Last des Skihelden der Nation sehr schwer auf der Seele lag. Es schien, dass ihn ein innerer Spagat zu zerreißen drohte. Aus heutiger Sicht könnte ich die möglichen Ursachen für die schwere Straftat, die er möglicherweise begangen hat, sogar verstehen. Sexualisierte Aggression in Form einer brutalen Vergewaltigung bleibt trotzdem ein nicht zu rechtfertigendes Verbrechen. Jana, das mutmaßliche Opfer aus Polen, aber auch der mutmaßliche Täter Toni Sailer hätten vor mehr als 40 Jahren das Recht auf eine ordentliche Aufklärung durch die Justiz gehabt. Dieses Recht wurde beiden durch die staatliche Vertuschungsmaschinerie aus Politik und Skiverband entzogen.

Entweder wäre Toni Sailer von den Anschuldigungen freigesprochen worden. Oder er wäre schuldig gesprochen worden – mit der Chance, die Tat zu verantworten, im ersten Schritt Schuld zu bekennen und danach an die Ursachen heranzugehen. Die Verstorbenen können das nicht mehr tun. Das ist besonders für die hinterbliebenen Familienmitglieder tragisch – in Österreich und in Polen! Trotzdem halte ich die neuerliche Veröffentlichung des „Aktes Sailer" für wichtig. Sie zeigt den wahren Skandal. Männerbünde, bestehend aus Sportfunktionären und Politikern, haben die Aufklärungsmöglichkeit eines möglichen Verbrechens verhindert. Sie haben sich über Rechte jeder Art hinweggesetzt; vor allem über das Wesen der Menschenrechte und unter anderem auch über das Recht auf Pressefreiheit.

Slalom im Blätterwald

Seit jeher werden auch enge Seilschaften zwischen Presse und Skisystem eingegangen. Ja, mehr noch – Journalisten und Medien gehören zum System. In früheren Zeiten war es ein offenes Geheimnis, welcher Reporter bei welcher Skifirma auf der Payroll stand. Heute genießen „Kronen Zeitung" und ORF beim ÖSV einen offen gezeigten Vorteil – als Medienpartner, Sponsoren und nicht zuletzt wegen gemeinsamer wirtschaftlicher Interessen. Journalisten anderer Medien dagegen haben ein Dilemma. Sie erhalten Informationen nur, wenn sie linientreu berichten. Kritiker bleiben außen vor.

Helen Scott-Smith ist bislang die Einzige aus dem Umfeld des Skisports, die sich nach mir als Betroffene von sexualisierter Gewalt unter ihrem Namen geäußert hat. Nach ihrer Rennkarriere kehrte sie als freie Journalistin in den Weltcup zurück. Sie hat mir erzählt, dass ein ÖSV-Medienbetreuer sogar einmal physisch aggressiv auf eine kritische Berichterstattung reagiert habe. Auch der ÖSV-Sponsor „Kronen Zeitung" baute gegen mich Aggression auf – in Form von Täter-Opfer-Umkehr, nachdem ich im November 2017 öffentlich von meiner Vergewaltigung als 16-Jährige gesprochen hatte.

Die Online-Kommentare auf die verzerrenden Artikel mit den lüsternen Titeln stehen ja immer noch im digitalen Raum: „Ja, mei, sie erinnert sich halt noch gerne ans ‚Erste Mal'. Ist mir auch noch leibhaftig in Erinnerung."

„Warum hat sie nicht Nein gesagt und ist gegangen. War's doch schön?"

„Diese Internet-Männerhetze geht entschieden zu weit. Hoffe, dass das Ganze als Flop entlarvt wird und die Anklägerin, die keine Namen nennen will/kann, empfindlich bestraft wird."

„War es vielleicht ihr eigener Vater?"

Die ORF-Sportredaktion ignorierte das Thema. Sie überließ es der „ZiB"-Redaktion. Und aus den Kommentatorkabinen übertrug man die jovial „verhaberten" Kommentare von Ex-Skistars und Profireportern – alles wie gewohnt. Diese Doppelbesetzung ist übrigens eine beliebte Option, wenn österreichische Skifahrer ihre sportliche Karriere beenden. Wer einigermaßen gut aussieht und glaubt, die deutsche Sprache zu beherrschen, versucht sich als Kommentator im Fernsehen. Manche schaffen den Sprung sogar ganz nach oben und werden zu echten Stars, zwar mit unterschiedlich großem Talent, doch mit Erfolg, der durchaus manchmal mit „Musikantenstadl"-Quoten gemessen werden kann.

Die Ex-Profis sind natürlich „die Spezialisten", die auch hinter dem Mikrofon ihrer Sportart treu bleiben und – wenn überhaupt – wirklich oft nur durch ihr Fachwissen qualifiziert sind. „Ein unheimlich abwechslungsreiches Rennen. Erst war die eine vorn, dann war die andere hinten", hörte man Christian Neureuther einmal über einen Super-G der Damen im ARD resümieren.

Historisch gewordene und ständig neu entstehende Sprachvarianten finden sich besonders in den ORF-Kommentaren. Der interne Jargon des ÖSV-Teams hat schon lange Einzug in die Wohnzimmer der österreichischen Passivsportlerszene gehalten. Zum Beispiel hat Armin Assinger Charly Kahrs, wohl in Anlehnung an Karl May kreierten Bewunderungsspruch für Highspeed – „Da pfeifen die Komantschen!" – einem breiten Publikum zugänglich gemacht. Die soziale Natur der Sprache macht hier offensichtlich, wie sich gesellschaftliche Differenzen in unterschiedlichem Sprachgebrauch niederschlagen. Deftige Sprüche, die unter authentische österreichische Sprachkunst fallen, müssen für unsere deutschsprachigen Nachbarn übersetzt werden: „Tua in Oasch owe!" (hochdeutsch: Senk das Gesäß!), „Losst's da Lasse heite tuschn!" (Der Norweger Lasse Kjus macht Tempo!), „Hau de eine in de Traversn!" (Nimm die Schrägfahrt richtig in Angriff!), „Do tscheppat's eina wia in an Kluppnsackl!" (Begriff für eine Fahrt über starke Bodenwellen) oder „Do zwitschern im Zielraum wieder de Blaumeisn" (Ausdruck für starke Sauerstoffschuld). Und wenn Co-Kommentatoren sich – „Teifl noamol eine" – zu Übertragungsbeginn eines Rennens selbst über die Piste stürzen und dann atemberaubt ihre Erlebnisse schildern: Tu, felix Austria, glücklich das Volk, das so bildhaft inszenieren kann!

Die Konstruktion von Nationalhelden wie Toni Sailer oder Karl Schranz war übrigens das Ergebnis der ersten Inszenierungswelle, die 1956 mit der ersten Direktübertragung der Winterspiele in Cortina begann. Theatralisch wurden damals Sailers Triumphe kommentiert. Kurz zuvor hatten die alliierten Besatzungstruppen Österreich verlassen, die junge Republik suchte händeringend nach nationaler Identität und Selbstbewusstsein. Und man darf nicht vergessen, dass das Fernsehen als Gemeinschaftserlebnis begann – ein eigener Fernsehapparat war für den Durchschnittsösterreicher unerschwinglich. Man versammelte sich bei vermögenden Nachbarn und bei fortschrittlichen Wirten, als Toni Sailer 1958 bei der Ski-WM in Bad Gastein endgültig als erster Sportstar inszeniert und von den Journalisten zur Nationalikone hochgeschrieben wurde.

Nach seinem Ausschluss von den Olympischen Spielen 1972 wurde Karl Schranz in Wien von 100.000 Menschen empfangen und bejubelt. Wieder inszeniert vom ORF, diesmal um zu demonstrieren, wie man im Kräftemessen zwischen Generalintendant Gerd Bacher und Bundeskanzler Bruno Kreisky Massen mobilisieren könne. Das überaus gelungene ORF-Ansinnen und eine auf dem Opfermythos beruhende nationale Identität bescherten Schranz die Rolle des kathartischen Helden, mit der er noch heute verknüpft wird. Nur wenige Journalisten ließen sich auf tiefere Analysen ein. Und Schranz selbst? Weil er der

Erste war, der wegen Werbung ausgeschlossen wurde und der Amateurparagraph erst 1981 fiel, hat er sich später gar „Wegbereiter der modernen Olympischen Spiele" genannt.

Der politische und ökonomische Aufbau war damals – und ist es immer noch – eine wesentliche Voraussetzung für nationales Bewusstsein. Das direkte Erleben erfolgt sehr oft auf anderen Ebenen. Wenn jemand „Wir" sagt und damit „Österreich" meint, identifiziert er sich selten über die Protagonisten der österreichischen Politik, sondern über volksnahe Heroen, vorzugsweise aus Kunst und Sport. Besonders populären Sportarten und deren berühmten Vertretern kommt eine bedeutende Rolle in der Entwicklung der nationalen Identität zu. Wenn die Sonne das ÖSV-Team bescheint, bescheint sie damit auch die ganze Nation.

Mit den meisten Skistars lässt's sich leicht identifizieren. Mit ihrem spezialisierten Können und den Erfolgen, kommentiert in der Sprache des Burschen oder des Mädchens von nebenan, bieten sie eine attraktive Kontur. Mehr braucht der Fan auch nicht. Je weniger Eigengehalt die Projektionsfläche verstellt, umso schöner die Identifikation. Einzige Voraussetzung: Das Idol muss ein Heldenleben leben. Mythische Themen, die wir in der kulturellen Evolution schon als erledigt ansahen, werden wiederbesetzt. Archaische Erfahrungsmuster, die wir als geistig tot betrachteten, melden sich zurück. In diesem Kontext lässt sich das gemeinsame Verhalten von Skiverbandsführung, (Ex)-Rennläufern und der nationalen Fangemeinde verstehen.

Skipäpste und Eisheilige

Dass der unbefleckbare österreichische Skisport auch unheilige Seiten hat, will man nicht wahrnehmen. Die Folgen der kollektiven Schneeblindheit sind vielschichtig. Die Ursache ist bei allen gleich. Wer am Mythos kratzt, kratzt an der Identität. Patriarchen, die in der Hierarchie ganz oben stehen, sind besonders empfindlich. Das Gefühl der männlichen Überlegenheit kommt ins Wanken. Die Macht, die bisher erfolgreich verhindert hat, Änderungen vorzunehmen, die eigene Komfortzone zu verlassen und gravierende Entscheidungen zu treffen, fühlt sich geschwächt. Denn Peter Schröcksnadel und seine Verehrer zehren nach wie vor von einem Modell, das Toni Innauer einmal als „Industrialisierung des Erfolgs" bezeichnet hat. Es folgte der Industrialisierung des Tourismus auf den Fersen.

Viele unserer Großeltern suchten als Weg aus dem Kriegstrauma die Flucht in die Verdrängung. Die Kriegskindergeneration lief dem nächsten toxischen System geradewegs in die Arme. Unreflektierter Kapitalismus mit seiner Forderung nach uneingeschränktem Wirtschaftswachstum lautete die Zauberformel. Mit ihr konnten Gewinne maximiert und Mitgefühle möglichst klein gehalten werden. Das vermeintliche Recht des Stärkeren wurde von der Macht der Erfolgreicheren abgelöst. Ja, wir befinden uns noch immer in dieser Lebensform, die mit unseren Urahnen aus dem „Fruchtbaren Halbmond", der Wiege unserer Hochkulturen, in der Jungsteinzeit nach Europa kam. Wir sind sesshaft, wir sind spezialisiert, wir produzieren, wir bilden Kapital, wir haben archaische Konflikte, die wir lösen oder auch nicht. Wir leben in sozialen Schichten, in der neolithischen Gesellschaftsform, die vor rund 12.000 Jahren in Vorderasien entstand.

Ob das Bedürfnis nach Macht als Selbstzweck bereits in der Jungsteinzeit existierte, weiß ich nicht. Dass Machtmissbrauch in dem Gesellschaftssystem, das nach dem Zweiten Weltkrieg entstand, allgegenwärtig ist, schon. Wir lassen uns von krankhaft narzisstischen Persönlichkeiten regieren. Wir betrachten allmächtige Wirtschaftshierarchien als Gegebenheit. Wir nahmen und nehmen Unterdrückungsmechanismen hin, die viele ohnmächtig und die wenigen Mächtigen mächtiger machen. Trotzdem leben wir in einer Zeit des Umbruchs, wie er seit Jahrtausenden nicht mehr stattgefunden hat. Machtsysteme, in denen wenige bestimmen und die Mehrzahl zu dienen hat, werden mehr und mehr hinterfragt. Menschen auf der ganzen Welt stehen auf und sagen: „Das lassen wir uns nicht länger gefallen!" Sie werden mehr oder weniger gehört. Der kollektive Aufschrei #MeToo ist laut, manchen zu laut.

Über Jahre an eine betörende Machtfülle nach innen und außen gewöhnt, entsteht Irritation bei der Auseinandersetzung mit Diskussionspartnern, denen es an vorauseilender Unterordnung mangelt. In diesem Licht konnte ich die Reaktionen des Österreichischen Skiverbands auf die Veröffentlichung meiner Erfahrungen und meiner Einblicke in die Szene aus einer neutralen Perspektive betrachten. Der österreichische Skirennsport ist nur einer von vielen Schauplätzen – wenngleich ein sehr öffentlicher –, auf dem sich zurzeit gesellschaftspolitische Konflikte nach ähnlichem Muster abspielen: Ein Machthaber und seine Vasallen kämpfen stellvertretend für das gesamte Patriarchat um den Erhalt tradierter Werte. Auch hier bedient man sich der Kraft des Heldenmythos.

Das weiße Gold

Ein epischer Held wird geschaffen. Er kommt aus
dem Nichts, ist bescheiden, handelt stets uneigen-
nützig und rettet den Skisport. Peter Schröcksnadel ist, wie er ist, und so soll er auch bleiben –
als Mensch und als Präsident, gewählt bis 2020
und vielleicht bis der Wunschtraum von den
Olympischen Spielen 2026 in Schladming erfüllt
sein wird, kurz vor seinem 86. Geburtstag. Er hat
schließlich Österreichs sportliche Erfolgsgeschich-
te geschrieben – zumindest wird so oft getitelt. Als
Schröcksnadel 1990 Präsident des Verbands wurde, stand dieser tatsächlich finanziell schlecht da.
Sportlich sah es besser aus. Österreich lag bei den
Alpinen und bei den Skispringern an der Spitze
des Nationencups. Denn führende Funktionäre
haben sich schon in den 1960er-Jahren nicht nur
für den Erfolg im Sport eingesetzt: Sie haben auch
viel dazu beigetragen, dass ein Schulsystem
geschaffen wurde, in dem junge Athleten für das
Leben nach dem Rennsport ausgezeichnete Bil-
dungsmöglichkeiten erhalten. Ohne diesen Hin-
tergrund, der weltweit Vorbildwirkung zeigte,
hätte Schröcksnadels ÖSV-Ära in Bezug auf
Nachwuchs wohl etwas anders ausgesehen.
    Das Budget des Skiverbands lag bei der Ernen-
nung Schröcksnadels irgendwo im 40-Millionen-
Schilling-Bereich. Heute verfügt Schröcksnadels

ÖSV-Konzern – der Verband mit allen zugehörigen Gesellschaften – über ein ähnliches Budget, allerdings in Euro. Der Präsident hat den Skipool sukzessive umstrukturiert und die Macht, die seit der Poolgründung 1972 aufseiten der österreichischen Ski-Industrie lag, in den Skiverband geholt. Er stellt den ÖSV gern als von öffentlichen Zuschüssen unabhängigen Privatbetrieb dar. 2011 betrug die Gesamtförderung des ÖSV und der ihm zurechenbaren Institutionen und Projekte rund 11,9 Millionen Euro. Dazu kamen noch Gelder aus der „besonderen Sportförderung" (im Jahr 2011 mit 80 Millionen Euro dotiert) für Strukturförderung, der Mitgliedsbeitrag für den Skipool und die Fachverbandsförderung in der Höhe von rund einer Million Euro. Somit erhielt der ÖSV damals fast 14 Millionen Euro aus Steuergeldern. Zwar schwanken diese Subventionen jährlich, doch gab es allein 2011 direkt das ÖSV-Budget entlastende Zahlungen von öffentlichen Stellen in Höhe von rund 2,8 Millionen Euro – doppelt so viel, wie Schröcksnadel zugeben will.

Der Rechnungshof legte dem Nationalrat 2015 seinen Bericht über die öffentlichen Investitionen für die Alpine Ski-WM 2013 in Schladming vor. Darin kritisieren die Prüfer – wie schon im Rohbericht – fehlende Kontrolle und mangelnde Transparenz, und sie zweifeln generell die Zweckmäßigkeit einzelner Investitionen an. In Summe flossen 415,78 Millionen Euro nach Schladming, 250 Millionen direkt aus der öffentlichen Hand, der Großteil, 150 Millionen, kam vom Land Steiermark. Die Prüfer sehen weniger Schladming oder das Land Steiermark als Nutznießer dieses Events, sondern betrachten den ÖSV als den großen Gewinner. Der Bericht zeigt, dass auch Projekte gefördert wurden, für die der ÖSV ohnehin Geld vom internationalen Skiverband bekommen hat. Auch für andere internationale Sportveranstaltungen wie Alpin-Skirennen oder Skisprungwettbewerbe kassiert der ÖSV von den Veranstaltern Geld. Die sogenannten Regionalpakete werden meistens auch mit Anteilen aus dem Steuertopf bezahlt. Abgerechnet wird über die Austria Ski Team Gesellschaften, die wiederum Lizenzgebühren an den Verband entrichtet.

Wie überhaupt der Österreichische Skiverband in seinen Strukturen ein interessanter Fall ist. Rechtlich organisiert ist er wie ein gemeinnütziger Gesangsverein und kann daher vom Rechnungshof nicht geprüft werden. Mit insgesamt sieben Gesellschaften, den meisten steht Schröcksnadel als Geschäftsführer vor, agiert er aber wie ein Wirtschaftsunternehmen. Einkünfte erzielt der Skiverband auch durch die Vermarktung der Athleten. Die Interessen des jeweiligen Sportlers, der die Werbung durch seine Leistungen überhaupt erst ermöglicht, erscheinen dabei nachrangig. Verträge über die sogenannte Kopfwerbung – den Hauptsponsor – der einzelnen Rennläufer schließt der ÖSV zuerst direkt mit dem Sponsor ab, und erst danach mit den Athleten. Die Aktiven haben keinen Rechtsanspruch auf die Nutzung. Von allen Einnahmen aus diesem Titel sind zehn Prozent an den ÖSV abzuführen. Und die Athleten können dem Diktat des Verbands keineswegs ausweichen: Er kann Rennläufer sperren und ihnen damit ihre berufliche Grundlage entziehen. Die Möglichkeit, diesem Druck durch Nationalitätenwechsel auszuweichen, haben die Sportler nicht, weil sie auch dafür die Zustimmung des ÖSV brauchen. Die rechtliche Situation spricht zwar für sie und gegen das Verbandsstatut. Es fehlt aber an Entscheidungen von Gerichten und der Kartellbehörde, die Machtmissbrauch durch Sportverbände auch klar benennen. Wenn mutige Athleten Verfahren bei der Kartellbehörde und den Gerichten überhaupt anhängig machen, kommt es nur selten zu Urteilen. Die Parteien einigen sich meistens, bevor eine Entscheidung gefällt wird. Die Machtposition der Verbände wird dadurch zusätzlich gestärkt.

Problematisch sehen Kritiker Schröcksnadels Funktionen und seinen Einfluss auch in anderen Sportbereichen, wo ihn die Politik nicht nur eingesetzt hat, sondern auch noch immer die schützende Hand über ihn hält. Hier zeigt sich ebenfalls wieder, dass die Politik nicht ohne Rücksicht auf sportpolitische und mediale Netzwerke vorgehen kann beziehungsweise sich nicht traut. Ein Sportminister muss sich gut überlegen, ob er sich mit Schröcksnadels Verbündeten bei der „Krone" und dem ORF anlegt.

„Der Wolfgang Schüssel ist ein alter Bekannter von mir, ich bin ein patentierter Schwarzer, dazu steh' ich", so Schröcksnadel in einem Interview. In heiklen Angelegenheiten steht der Ex-Kanzler auch heute noch immer mit Rat, Tat und Personal zur Seite. Der Präsident des nationalen Olympischen Komitees und bis 2017 Casinos-Austria-Vorstandsvorsitzender Karl Stoss wiederum hört auf Schröcksnadel, schließlich ist der Skiverbandspräsident auch Vize im ÖOC. Für das Tagesgeschäft zuständig ist Generalsekretär Peter Mennel. Er dient dem ÖSV als Finanzreferent. Den Vorarlberger Skiverband leitet Mennel als Vizepräsident und die Eishockey-Bundesliga als Präsident. Dieses Geflecht ist deshalb bemerkenswert, weil die hochrangigen Sportfunktionäre auch in den Vorständen der staatlichen Fördergelder-Vergabestellen sitzen. Sie sind Fördergeber und Fördernehmer zugleich.

Der Österreichische Skiverband ist ein populäres Beispiel für die Macht in Systemen mit Männern, die an einer Gesellschaftsform festhalten, in der die Alten das Sagen über die Zukunft der jungen Generation haben wollen. Es sind Leute, die einen Großteil ihrer Lebenszeit hinter sich haben, die Entwicklung und Fortschritt bremsen. Noch schlimmer als die egozentrische Despotie der Machthaber sind aber ihre Mitläufer. Weil sie die selbstbezogenen Aktionen erst ermöglichen. Das sind zum Beispiel die Lehnsmänner im Skiverband, die an ihren Sesseln kleben. Das sind die

Politiker, die etwas vom Rampenlicht abbekommen wollen. Das sind die Hurra-Patrioten – vom Sportkonsumenten bis zum gehorsamen Berichterstatter. Das sind gewissermaßen auch die Eltern von jungen Athleten, die aus Angst vor Repressalien gegen ihre Kinder stillschweigend Ungerechtigkeiten billigen. Und last but not least sind das die ehemaligen Rennsportkollegen, die lieber von ruhmreichen Tagen schwärmen, als Sportlersolidarität zu beweisen. Wie 2015 im „Fall Anna Fenninger".

Die Lawine

Es war der Ausbruchsversuch einer der weltbesten Abfahrtsläuferinnen aus den Machtstrukturen des Skiverbands: Anna Fenninger wollte unabhängig sein, vom eigenen Management beraten werden, konnte aber noch „hingebogen" werden. Das Verbandssystem im Zeichen des Bundesadlers hat sie mit vereinten Kräften wieder unter seine Fittiche bekommen. Nicht zuletzt weil ihre Emanzipationsschritte von den getreuen Medien auf die Materie, auf das Geld, reduziert wurden. Das aber greift zu kurz. Athleten – Frauen wie Männer – wollen in Würde leben, sie wollen geachtet werden, sie wollen, dass ihre Meinung gilt. Sie wollen in Freiheit und nicht in Unfreiheit leben. Sie wollen alle Grundwerte, die die Menschenwürde ausmachen, auch wirklich leben dürfen. Doch davon sind besonders Frauen in österreichischen Sportstrukturen weit entfernt. Und auch in diesem Fall ist der Skisport ein Paradebeispiel für Frauendiskriminierung. Im achtköpfigen ÖSV-Präsidium sitzt eine Frau, 39 Männer und drei Frauen leiten Referate, und unter den 41 ÖSV-Vertretern im internationalen Skiverband sind gerade einmal zwei Frauen.

Den Mangel an Frauen – im gesamten Trainerstab gibt es eine Trainerin im alpinen und eine weitere im nordischen Bereich – erklärte der Verbandspräsident im Dezember 2017 Vertreterinnen aus dem Sport vor versammelter Presse: „Wir haben Physiotherapeutinnen. Aber Alpin-Trainerin ist ein harter Job, das könnt ihr Frauen nicht machen."

Dafür beruft er sich gern auf Petra Kronberger. Sie war bereits als erfolgreiche Rennläuferin Aushängeschild des Verbands. Jetzt ist sie dort als Frauenbeauftragte angestellt. Insider munkeln vom reinen Alibi-Job im männerdominierten Altherrenverein. Nachdem sich die Verbandsführung durch meinen Gang an die Öffentlichkeit zum Handeln gezwungen sah, sollte Kronberger plötzlich „einen Wert haben, den die anderen vorher nicht erkannt haben", so Schröcksnadel. Einen Funktionswert, einen Messwert oder gar einen wirtschaftlichen Wert? Das habe ich mich gefragt, als ich das hörte. Und mir kam vieles aus meiner Vergangenheit in den Sinn.

Es gab einen Trainer, für den hatten „seine Mädchen" nicht bloß sportlichen oder gar menschlichen Wert. Er wollte sie auch körperlich besitzen. Er holte sich mit Gewalt, was er wollte. Jungfrauen schienen ihm von besonderem Wert in seiner Sammlung. Das war ihm so wichtig wie sportliche Trophäen. Wie sich erst jetzt, Jahrzehnte später, in bewegenden Gesprächen herausgestellt hat, haben wir alle – Frauen und Männer – damals aus ähnlichen Gründen geschwiegen. Es ging um die Fortsetzung der Sportkarriere, um Erfolg und Anerkennung – die Gefühlslage im

Spitzensport ist schwer zu beschreiben. Wenn man von einem Wildfremden überfallen würde, dann wäre sofort klar: Das zeige ich an. Aber das Skiteam oder die Skihauptschule war unser unmittelbares soziales Umfeld. Die Orientierung fällt so schwer: Was tue ich jetzt? Das war ja nicht der unbekannte Fremde, das war das unmittelbare Umfeld, das Umfeld, in dem sich auch alle Freunde befanden. Das ist so, als ob es in der Familie passiert. Das macht alles noch einmal schwieriger. Den Peiniger dauernd zu treffen, womöglich sogar in seiner Abhängigkeit zu stehen, dafür muss man Strategien entwickeln. Selten kann jemand das Trauma einer sexualisierten Gewalterfahrung allein bewältigen.

#MeToo sollte endlich als das begriffen werden, was es ist: Wenn Menschen ihre schlimmen Erfahrungen öffentlich äußern, machen sie anderen Betroffenen Mut. Der von sexualisierter Gewalt betroffene Mensch wird ja nicht nur körperlich verletzt, sondern auch psychisch. Opfer können jahre-, jahrzehntelang unter Depressionen oder Posttraumatischer Belastungsstörung leiden. Zu allem Überfluss werden sie in vielen Gesellschaften auch noch ausgestoßen. Sie gelten als beschmutzt. Ihnen wird die Schuld gegeben, die doch allein beim Täter liegt. Klar birgt ein so heikles Thema, wenn es auf eine Kampagne reduziert wird, Kollateralschäden. Die Ursachen dafür und die Verwirrung liegen in der mangelnden Aufklärung und in der tendenziösen Meinungsmache

des Boulevards. Medien scheuen nicht vor Falsch-
meldungen zurück, wenn sie damit Klicks gene-
rieren und so ihren Werbewert erhöhen können.
Dass in Schweden Ehemänner jedes Mal die
schriftliche Erlaubnis zum Geschlechtsakt einfor-
dern müssen, ist eine Mär, die unter anderem vom
ÖSV-Partner „Kronen Zeitung" gewinnbringend
verbreitet wurde.

Wer die Mechanismen der Boulevardmedien
versteht, ist darüber nicht verwundert. Sex sells.
In meinem persönlichen Rückblick taucht ab dem
20. November 2017, als ich erstmals öffentlich
von meiner Vergewaltigung sprach, viel Sex auf.
Der Boulevard verwickelt mich in Sex-Skandale
mit dem Skiverband und berichtet von meiner
Einvernahme durch die Kripo zu Sex-Übergriffen.
Die Social-Media-Meute will von mir Namen der
Sex-Täter erfahren, der Skiverband spricht in einem Atemzug von „Pantscherln und Verleum-
dung", eine Ex-Kollegin wohlmeinte gar, dass
zum Sex immer zwei gehören. Zumindest von
dieser Kollegin nehme ich an, dass sie sich gegen
veröffentlichte Worte, die sie so vielleicht gar nicht
meinte, zu wehren versuchte. Ja, ich nehme sogar
an, dass auch Peter Schröcksnadels ungeschickte
Versuche, „die Sache" vom Verband und damit
von einer wichtigen Projektionsfläche seiner
Identität fernzuhalten, nicht persönlich, nicht als
Angriff direkt gegen mich gemeint waren.

Ich bin zur Triggerin geworden – für individuelle Ängste auf allen Seiten der Betroffenheit.

Die einen fühlen ihre Geheimnisse als Opfer, Zeugen oder als Täter enttarnt. Viele Männer – und das macht echt Mut – wollen sich neu orientieren und stellen Fragen, wie ich als Frau männliches Verhalten empfinde. Für viele bin ich so was wie eine große Schwester geworden, sie vertrauen mir „ihr Geheimnis" an – Opfer, Zeugen, und nein, bisher waren keine Täter dabei. Opfern von sexueller Gewalt und Machtmissbrauch, die sich an mich wenden und um Rat fragen, wie sie mit ihren Erlebnissen umgehen sollen, sage ich: „Schließ es zuerst für dich selber ab. Schau, dass die Wut weg ist, bevor du weitere Schritte unternimmst, geh ein, zwei Schritte zurück, suche nach persönlichen und nach strukturellen Zusammenhängen. Kläre es erst mit dir selbst, bevor du dich öffentlich äußerst." Den Schritt weg vom Opferdasein zur abgeklärten Rolle – zwar betroffen, aber nicht mehr traumatisiert zu sein –, das halte ich für das Wichtigste.

Desmond Tutus Idee einer Wahrheits- und Versöhnungskommission gilt weltweit als Erfolgsmodell, um die Bevölkerung nach Bürgerkriegen wieder zu vereinen. Sie könnte auch den kalten Bürgerkrieg mit seinen #MeToo- & #NotMe-Fronten in den Medien beenden. Wir könnten lernen und nicht ständig Vergeltung fordern, bevor wir verstehen. Den wichtigsten Zusammenhang habe ich schon vor langer Zeit herausgefunden. Als ich Antworten auf persönliche Fragen im System finden konnte, ging es mir besser. Leute,

die einem absprechen wollen, von Machtmissbrauch betroffen zu sein, sind immer selbst von
Machtmissbrauch betroffen – entweder als Täter,
Opfer oder Zeugen. Wenn wir die Möglichkeit
des Verstehens erst einmal in Betracht ziehen,
dann wird uns klar, dass es nicht darum geht,
Täter ungeschoren davonkommen zu lassen. Im
Gegenteil: Betroffene werden gestärkt und gewin-
nen ihre Würde wieder zurück.

Wir alle gemeinsam – #WeTogether – gegen den
Missbrauch von Macht. Das wär doch was, oder?